LD 41/4137

DISCOURS

PRONONCÉ AU TEMPLE,

A DIJON,

Le 10 brumaire, l'an 3,

Par le citoyen Claude LEGOUX, de la section du Centre.

AVIS.

Mon intention n'étoit point de soumettre à l'impression ce discours ; mais les interprétations odieuses qu'on s'est plu à lui donner, divers passages que les méchans se sont amusés à tronquer, m'obligent à rendre le public juge en cette affaire : on y verra, je pense, que je ne me suis occupé qu'à généraliser, et non, comme le prétendent les mal-intentionnés, à particulariser, soit les individus, soit les corps constitués.

DISCOURS

PRONONCÉ

Au Temple, à Dijon, le 10 brumaire, l'an 3,

Par le citoyen CLAUDE LEGOUX, de la section du Centre.

CITOYENS,

La vertu fut toujours regardée comme le principe et le soutien du gouvernement républicain ; ce fut elle, en effet, qui conduisit Rome à ce degré de supériorité et de bravoure qui la signala jusqu'au regne des Marius et des Silla ; ce fut la vertu d'Athenes qui la sauva des efforts multipliés que firent pour la soumettre les tyrans de Perse ; ce fut elle qui forma les Spartiates, les rendit tout à la fois la terreur et l'admiration de la Grece et des peuples barbares, leurs voisins.

Si l'antiquité nous offre de pareils exemples de ce que peut l'empire de la vertu, les siecles derniers, le nôtre aussi, nous en présentent aujourd'hui de semblables.

Ici c'est un peuple agreste et simple dans ses mœurs, qui rompt et brise les fers que vouloit lui donner la maison d'Autriche : le fondateur de sa liberté, Guillaume Tell, est l'homme de la nature ; aussi sage qu'intrépide et vertueux, il épouvante les tyrans, terrasse le despotisme, et donne à l'Europe étonnée le spectacle d'une nation pauvre, mais fiere, qui rappelle l'homme à sa dignité primitive, lui donne le sentiment de son existence, et grave dans son cœur les premieres idées de la loi naturelle.

Là, un peuple nouveau, composé d'hommes et de citoyens philosophes, industrieux et probes, fatigué des vexations et de l'orgueil du gouvernement britannique, s'affranchit de l'oppression où le tenoient ces insulaires farouches et égoïstes, ennemis de la liberté des nations, et pose au-delà des mers, et dans un nouveau monde, les fondemens de l'indépendance américaine.

Ici le Français, courbé depuis tant de siecles sous une verge de fer, sort tout-à-coup du sommeil léthargique où le tenoient plongé ses tyrans; il se leve, et fier de ses forces, il s'indigne contre les despotes qui l'asservissent; il s'irrite à raison de la résistance qu'il éprouve en brisant ses fers; il combat et punit ses ennemis, et jure de ne se rasseoir qu'après les avoir exterminés, et affermi le regne de la liberté et de l'égalité.

Voilà ce qu'a produit au milieu de nous l'enthousiasme de la vertu : tels sont ses heureux effets; tel est l'avantage qu'elle procure : elle transforme en héros ceux qui en sont animés, et les rend capables et susceptibles des plus hauts faits.

Cette vertu subite chez une nation

asservie, doit paroître, sans doute, bien étonnante aux esprits foibles et vulgaires; ils ne peuvent allier cette noble passion à l'avilissement où elle étoit réduite, et ils appellent révolte et sédition, la sainte insurrection d'un peuple, le plus sacré de ses devoirs cependant, au dire même d'un des déserteurs de sa cause.

Vous ignorez donc, ô vous qui, sans réflexion, portez un pareil jugement, que le mieux naît de l'excès du mal! que cet excès peut accabler un instant, mais qu'il instruit et qu'il éclaire; et qu'au désespoir dans lequel il nous plonge, succedent presque toujours la raison et le jugement: et si l'une et l'autre sont accompagnés de l'ardent desir de sortir de cet état profond de misere et de calamité, alors ils produisent ces exemples de courage, de valeur et d'héroïsme, dignes de l'admiration de tous les siecles.

Cette vertu, si surprenante dans ses effets, citoyens, n'est autre que l'amour de la patrie. Cette passion sublime peut en un moment électriser tout un peuple ; la haine des tyrans l'enfante et la nourrit ; elle seule suffit pour conquérir la liberté : mais sa conservation dépend encore de l'amour de la justice, de la vérité, de la tempérance et de l'humanité.

Telles sont les qualités qui constituent essentiellement le patriote, le citoyen et le républicain ; aucune d'elles ne peut exister dans l'absence des autres ; elles sont inséparables et tellement liées, que le manque ou la perte de l'une *de ces qualités,* entraîne nécessairement leur destruction totale ; de sorte que le patriote disparoît, et l'homme seul reste.

Mais combien à l'ombre, ou sous le masque de ces vertus, il est aisé de séduire un peuple confiant et crédule ! Avec quel art un homme adroit et ambitieux remue et manie à son gré l'opinion publique, la dispose en sa faveur, et l'égare au point que la multitude appelle justice, ce qui n'est que cruauté ; crime d'état ou conspiration, le sentiment d'un particulier sur l'individu en place ou jouissant d'un crédit immense ; complot, la confiance réciproque de deux amis ; vertu ou patriotisme, la délation et la perfidie ; révolte, la résistance à l'oppression.

C'est donc à des signes certains que se reconnoît la tyrannie ; toujours inquiete, sombre, farouche et cruelle, la terreur la précede, la fureur l'accompagne et la dévastation la suit : elle détruit tout ce qui lui porte ombrage, arts, vertus, talens, patriotisme, probité, courage, tout l'offusque, la gêne, et disparoît tour à tour ; et des monceaux de cendres et de cadavres, et le sang dont la terre est trempée, qu'elle ne peut plus même recevoir dans son sein, et qui communique sa teinte aux rivieres et aux fleuves, sont le produit affreux de la tyrannie, et le tableau effrayant qu'elle offre à la postérité ; tableau que la main de l'historien ne peint même qu'en tremblant, et qui, après plusieurs siécles encore, ne laisse dans l'ame du lecteur que l'horreur et l'épouvante.

La tyrannie honore le crime, elle invite aux forfaits, elle ouvre la porte aux vices; sous son sceptre de fer, tous les hommes se craignent, se fuient et s'abhorrent : le père se défie de ses enfans, le fils craint de trouver dans son père un délateur; l'ami redoute son ami; les liens les plus sacrés sont brisés et rompus; la voix du sang et de la nature est étouffée et ne peut plus se faire entendre; la reconnoissance devient un crime pour celui qui la conserve et veut la témoigner; la foi due aux engagemens ne se garde qu'autant qu'elle est conforme à l'intérêt sordide d'un des contractans; l'injure personnelle prend le caractere d'un délit public : malheureux celui qui, dans ces temps désastreux, voit son ennemi partager l'autorité du tyran! il est sûr d'être sacrifié à sa vengeance; les actions les plus innocentes et les plus étrangeres, même aux despotes et à leurs suppôts, sont souvent les motifs de sa perte ; un mot isolé, un rire, un geste, son silence même, reçoivent une interprétation maligne et cruelle ; ce sont des armes empoisonnées dans la main de ses ennemis, et la multitude aveugle et délirante, tout à la fois applaudit à sa destruction et se demande : *qu'a-t-il donc fait ?* La mort enfin s'offre à tous les regards ; l'échafaud et les supplices, qui jadis n'étoient destinés qu'aux méchans, deviennent aussi le partage de l'homme vertueux et éclairé ; mais ce qu'il y a de plus atroce encore, c'est que pour tromper le peuple et pour lui en imposer avec plus de succès et d'impunité, ses bourreaux sont honorés du titre respectable de juge, et l'on paroît être juste avec les infortunées victimes de la tyrannie, dans le temps même où l'on n'est que leurs plus impitoyables assassins ; car, ainsi que le dit Montesquieu : » il n'y a point » de plus cruelle tyrannie que celle que » l'on exerce à l'ombre des loix et avec

» les couleurs de la justice, lorsqu'on
» va, pour ainsi dire, noyer des mal-
» heureux sur la planche même sur
» laquelle ils s'étoient sauvés. »

Quelquefois cependant la tyrannie se montre sous des couleurs moins odieuses; elle paroît même sous des dehors flatteurs et se concilie la faveur populaire; mais elle n'en est pas moins dangereuse dans ses suites, et elle compromet en quelque sorte davantage la liberté, en ce que les efforts qu'elle fait pour s'emparer de l'autorité suprême, sont moins apparens et semblent toujours avoir pour but l'intérêt public.

Recourrai-je à l'histoire grecque et romaine pour justifier mes assertions? Vous citerai-je, d'une part, les Périclès, les Manlius Capitolinus, les Spéius Cassius, méditant la perte de leur pays, et marchant à la tyrannie en caressant le peuple par tous les moyens que les circonstances, la fortune et la nature avoient mis en leur pouvoir?

Pour vous convaincre, étaierai-je mon opinion du récit des cruautés des Tarquins, des décemvirs, des Marius et des Sillas, des Lépides et des Octaves ? Nombrerai-je ici les milliers d'hommes sacrifiés à leur ambition, à leurs soupçons et à leur vengeance ? Vous parlerai-je des proscriptions qu'exercerent à Rome ces fléaux du genre humain, créés pour la destruction de l'espèce ?

Exposerai-je à vos regards le tableau des atrocités multipliées et commises pendant tant de siecles par cette longue suite de monstres qui se succéderent dans l'empire Romain ? Souillerai-je ma plume et votre mémoire en vous retraçant celui des assassinats dont s'honoroient les Tiberes, les Claudes, les Nérons, les Domitiens, et tant d'autres scélérats de ce genre, qualifiés du nom de roi ou d'empereur ? Ai-je besoin, pour exciter votre indignation contre les rois et la tyrannie, de vous rappeller les forfaits dont se sont signalés les Boniface VIII, les Alexandre Borgia, les Louis XI, les Charles IX, les Louis XIII, le sultan Louis XIV, le sardanapale Louis XV, et l'imbécille et cruel Louis XVI son successeur? Mettrai-je enfin sous vos yeux l'histoire des nations, c'est-à-dire celle des rois? et vous entretiendrai-je ici de la débauche révoltante des uns, de la cruauté réfléchie des autres, des crimes de tous, de leur mépris insultant pour les peuples, de leur mauvaise foi, de leur perfidie? et vous donnerai-je le relevé exact des malheureux que leur rage et leur ambition ont fait perir dans les cachots, dans d'horribles tourmens, et dans toutes ces guerres suscitées par leur orgueil et pour égayer leur ennui?

Non : pourquoi chercher si loin des exemples probans de la cruauté de ceux qui aspirent à la tyrannie? Ouvrons les fastes de notre révolution ; rappellons-nous les scenes de sang dont Paris et la France ont été les témoins; transportons-nous dans ces lieux de misere et d'effroi, dans ces gouffres dévorans créés par Robespierre; calculons le nombre des malheureux qu'il a victimés pour parvenir à ses fins; entrons un moment dans cette boucherie judiciaire où le crime présidoit, et où des hommes altérés de sang et affamés de chair humaine, sembloient vouloir opérer la destruction du monde; méditons sur ce systême de barbarie inconnu jusqu'à nos jours, et mis en pratique dans ce redoutable lieu avec la réflexion et le sang-froid que devroient comporter seuls les grands intérêts de l'état : considérons ces hommes épouvantables qui prononcent dans un quart d'heure, avec une insultante ironie et une impudente scélératesse, sur le sort et l'existence de soixante-neuf individus.

Eh quoi! la vie d'un homme est-elle donc de si peu de conséquence! Lorsqu'il s'agit d'une affaire particuliere, de la fortune d'un citoyen, ce n'est qu'après une mûre discussion que les juges se décident ; et quand il est question de la vie, on ne cherche pas à s'instruire, on redoute même, on craint la lumiere : on tremble de rencontrer un innocent, et l'on emploie à trouver un coupable, tous les moyens qui devroient servir à la justification de l'infortuné ! A défaut d'indices même, on invente et l'on forge, dans l'ombre du mystere, de prétendues conspirations tramées, dit-on, dans les cachots, contre la sûreté de l'état !

Je suis loin de prétendre, citoyens, que tous ceux qu'a frappés la hache révolutionnaire, aient péri sans motifs ; à Dieu ne plaise que j'avance une pareille opinion ! Craignons de tomber dans les excès ; évitons les écueils également dangereux, et du modérantisme, et d'un zèle trop outré ; l'opiniâtreté de nos ennemis, leur rage et leur perfidie exigeoient des mesures rigoureuses et des peines plus graves ; il étoit nécessaire d'employer contre eux toute la sévérité de la justice, toute l'inflexibilité des loix ; de prendre même un parti violent, peut-être, mais dicté par le salut du peuple, et puisé dans la nature des circonstances : autrement la révolution se fût arrêtée dans sa course, et la liberté eût péri au berceau.

Mais, quoi qu'il en soit, il faut le dire avec vérité, il faut le confesser en homme libre, en républicain, tout coupable qu'un individu paroisse, quels que soient les forfaits qu'il ait commis, à moins que le plus léger retard apporté à son supplice, ne compromette la sûreté publique, et que sa présence ne soit pour les conjurés un point de ralliement; il faut mettre dans son jugement toute la justice, toute l'impartialité qui doivent diriger les actions du véritable magistrat ; il faut aller à la recherche des faits qui peuvent justifier l'accusé, *et se convaincre que le devoir du juge est moins celui de punir, que de trouver un innocent.* Mais ce n'est point ainsi que raisonne la tyrannie ; les regles de la justice ne peuvent être celles du système d'iniquité qu'elle a adopté, et qu'elle suit constamment. Ces principes d'humanité nuiroient à ses fins, puisque l'homme de bien, le citoyen courageux n'auroient rien à redouter et porteroient obstacle à la réussite de ses projets liberticides; tandis que le but du despotisme n'est autre que de se défaire et de se délivrer de tout ce qu'a pour lui d'importun et de fatiguant, la présence de la vertu et de la probité.

D'après cet exposé rapide des crimes de la tyrannie, des maux qu'elle enfante, des désastres qu'elle produit, sans doute, citoyens, vous êtes, ainsi que moi, pénétrés d'horreur pour ceux qui veulent asservir leur pays et plonger dans les fers leurs concitoyens; la haine salutaire que doivent inspirer leurs forfaits, est une des qualités qui composent essentiellement l'amour de la patrie; son premier feu, l'enthousiasme que d'abord il nous donne, peuvent suffire pour terrasser le despotisme et conquérir la liberté. Mais pour empêcher qu'on ne nous la ravisse cette liberté précieuse, et que de nouveaux tyrans ne s'élevent sur les ruines du pouvoir arbitraire, il faut, je le répete, que l'amour sacré de la patrie soit notre unique passion; il faut pratiquer dans toute leur étendue les vertus qu'il exige, et que la justice et la vérité, la tempérance et l'humanité, soient la base de toutes nos actions et la regle de notre conduite.

Si nous souffrons, en effet, que la justice soit violée; si nous l'aimons assez peu pour garder le silence sur les atteintes qu'on lui porte; si la mort est la récompense de l'homme courageux qui veut instruire ses concitoyens, et exciter leur surveillance sur la conduite du gouvernement et de ceux entre les mains desquels repose le timon de l'état, pour lors la justice et la vérité sont assassinées, la liberté n'existe plus; par conséquent l'amour de la patrie est éteint dans les cœurs, et la tyrannie domine.

Si les vexations et les supplices deviennent l'apanage du citoyen qui manifeste son opinion sur les opérations du gouvernement et des magistrats, sur le sens et l'interprétation que l'on donne aux loix, sur leur exécution et les effets qu'elles produisent ; si les caprices ou l'humeur de quelques individus, ont malheureusement assez d'empire sur la multitude, pour l'ameuter contre celui qui veut l'éclairer et lui montrer les dangers qu'elle court ; si celui qui réclame les droits imprescriptibles de l'humanité, qui veut qu'on exerce envers tous et un chacun les égards dus au malheur, ne trouve à la fin de ses immenses travaux, que les persécutions, les cachots et la mort ; alors il n'y a plus ni tempérance, ni humanité, la vérité et la justice ont disparu ; ainsi l'amour de la patrie est étouffé, la tyrannie domine donc, c'est-à-dire, les crimes et les forfaits.

Mais, citoyens, la tyrannie n'est point

encore le seul danger qu'ait à courir un peuple libre, une nation sur-tout qui récemment vient d'anéantir le pouvoir arbitraire et de recouvrer la jouissance de ses droits. La secousse violente qu'éprouve nécessairement un état où s'opere le passage subit de la servitude à la liberté, ne peut manquer d'apporter dans les conditions et les fortunes un changement tel, que les mauvais sujets et les gens perdus d'honneur et de réputation, ne cherchent à en profiter pour satisfaire leur ambition et s'occuper de leurs intérêts, et que les mécontens du nouvel ordre de choses, ne se servent de ce prétexte pour blâmer la révolution et lui susciter de toutes parts des ennemis.

Dans ces deux classes que rapprochent et qu'unissent même en quelque sorte les circonstances, se trouvent des hommes en qui malheureusement la nature a réparti plusieurs de ces qualités propres à faire le bonheur du genre humain, si la probité les accompagnoit. Les uns guidés par leurs propres intérêts, animés du desir de s'enrichir, peu délicats sur les moyens, et soutenus par l'audace qui caractérise les grands scélérats, et quelquefois encore par l'envie de dominer, parviennent aisément à tromper la multitude; à l'aide des mots sacrés de patrie et liberté, ils ont l'art perfide de faire proscrire les vrais amis du peuple; ils s'emparent ensuite de l'autorité, et vendent leur crédit et leur pouvoir à celui qui leur en offre le plus.

Les autres sachant que la résistance qu'ils opposeroient à la marche rapide de l'opinion publique et à ses effets, seroit absolument inutile, mais qu'elle acheveroit même leur ruine totale, versés dans la connoissance du cœur humain, et persuadés que pour tromper plus sûrement, il faut adopter l'esprit de ceux que l'on cherche à séduire, embrasser leurs idées et aller même au-de-là de leurs desirs, parviennent sans difficulté aux emplois les plus importans, obtiennent sans peine les postes où il est plus facile de livrer l'état et de le perdre, mettent leur ambition et leur gloire à acquérir le titre infâme de traître, et à voir à jamais leurs noms abhorrés dans tous les siecles et par tous les partis.

Si la tyrannie se reconnoît à des signes certains, la trahison porte donc aussi le même caractere d'authenticité, *aux yeux de celui qui, cependant, n'est aveuglé ni par la prévention, ni par le vain éclat d'une fausse éloquence et d'une réputation subite, ni par l'envie de se faire un protecteur dans l'homme qu'on veut élever.* La surveillance du patriote ne doit donc jamais être en défaut ; *il doit sans cesse éviter d'être la dupe de son esprit et de son cœur*, et se mettre à la recherche du moral de l'individu, dont l'existence avoit été jusqu'alors inconnue ; il faut que la défiance le precede par-tout, et qu'elle environne notamment ceux qui parlent sans cesse de leurs vertus et de leur patriotisme, qui ne brillent qu'aux dépens d'autrui, ne s'environnent que de gens qui leur sont dévoués, se forment par ce moyen un rempart contre les coups dont la justice nationale doit un jour les frapper, distribuent de toutes parts des émissaires et des espions, se font ainsi rendre un compte exact de ce qui se passe dans l'empire, et sont toujours à même de se défaire de ceux qui leur portent ombrage, et qu'ils croient devoir et pouvoir nuire à leurs projets liberticides.

Ce n'est qu'en se conduisant avec prudence, vigilance et fermeté, qu'on évitera d'être asservi par la tyrannie et trompé par la trahison : c'est un service à rendre tout à la fois et à soi-même et à son pays, et à ceux qu'égarent l'ambition et une fausse gloire. Pour déjouer les tyrans et les traîtres, pour les faire tomber dans les pieges qu'ils dressent eux-mêmes, le peuple n'a et ne doit avoir qu'une façon d'agir uniforme et fondée sur les mêmes principes : le résultat des efforts multipliés que font et les tyrans et les traîtres, pour parvenir à leur but, est également dangereux pour le peuple, et le plonge dans le même abîme de maux, quoique leur marche soit, ou paroisse différente; le tyran n'est souvent qu'un traître dont le masque est tombé, et la réussite des projets du traître mene droit à la tyrannie.

Pour juger encore plus sainement de l'horreur que doivent inspirer les traîtres, nous n'avons qu'à considérer, et combien les méprisent et les redoutent, ceux mêmes qui ont profité de la trahison et qui l'ont aidée, et la haine qui, de toutes parts, les environne et les poursuit. Comment peut-on en effet se fier à un traître? qui me garantira de sa duplicité? et pourquoi me bercerai-je du sot orgueil de penser qu'à moi seul il sera fidele, et qu'avec moi seul il tiendra ses engagemens? Aussi faut-il toujours se mettre en garde contre quiconque a pu tromper, et voyons-nous par-tout les traîtres chassés et couverts de honte; souvent même, et avec une bien juste raison, ceux qu'ils ont servis paroissent honorer la bonne foi en punissant les fourbes d'une maniere éclatante, et par-là croient se délivrer tout à la fois du soupçon injurieux d'avoir excité et protégé la trahison, et se préserver d'un pareil danger.

Pour établir ce que j'avance, je pourrois prendre chez les peuples anciens des exemples qui justifiassent mon assertion; vous parler de la juste punition que Camille fit infliger à ce maître d'école qui lui livroit la jeunesse qu'on lui avoit confiée ; de l'indignation que fit éclater Fabricius, et de l'horreur qu'il éprouva en écoutant la proposition atroce que lui fit le médecin de Pyrrus.

Mais, de nos jours, le tyran de l'Autriche n'a-t-il pas donné un pareil exemple aux traîtres, et n'a-t-il pas prouvé que les plus barbares même n'osent encore avouer ce crime horrible? Les Lafayette et les Dumourier n'ont-ils pas trouvé dans ses états une partie du châtiment auquel ils devoient s'attendre, et ne sont-ils pas aujourd'hui pour l'univers entier et pour les siecles à venir, l'objet du mépris, de la haine et de l'indignation publique.

Tel est donc le sort des traîtres, qu'il n'intéresse qui que ce soit en leur faveur, et que la honte et les supplices deviennent leur partage ! Remarquez la triste existence que traînent après eux ces lâches déserteurs de leur patrie, ces bourreaux de leurs concitoyens : devenus l'exécration des brigands couronnés qu'ils ont ameutés contre la France, n'offrent-ils point en ce moment à l'Europe étonnée, le spectacle hideux d'une tourbe de monstres et d'assassins, livrés à toutes les horreurs de la misère, et chargés du poids de la haine des nations !

Je ne m'arrêterai pas davantage, citoyens, sur le sujet que je viens de traiter ; j'ignore si j'aurai rempli mon objet, et si le but que je m'étois proposé, de vous rendre odieux et les tyrans et les traîtres, se trouve rempli.

— Mais, que dis-je? est-ce à des hommes libres, à des citoyens, que je dois faire une pareille demande, tenir un semblable langage? Avoient-ils besoin des tableaux que je leur ai tracés, pour être pénétrés de cette horreur salutaire? Non, le peuple Français n'a point attendu jusqu'à ce jour pour témoigner sa juste haine pour les rois et les traîtres. Ses vertus et son courage ont déja triomphé tant de fois des efforts redoublés qu'ont fait pour l'asservir les ennemis de son bonheur et de sa gloire, que les despotes coalisés épuiseront en vain leurs soldats et leurs finances pour consommer leurs criminelles entreprises, et que le résultat de leurs tentative ne fera qu'accélérer leur chûte et hâter l'époque de la liberté du monde.

Cependant, citoyens, ne nous endormons point sur nos succès; évitons cette apathie funeste où pourroit nous faire tomber une trop grande sécurité; surveillons toujours, c'est le devoir du républicain; mais prenons garde cependant de pousser la défiance jusqu'à l'injustice ; souvenons-nous que le patriote doit être integre et ferme, et qu'il doit allier à ces qualités essentielles, celles non moins estimables, la tempérance et l'humanité.

Ce n'est qu'en pratiquant la vertu dans son entier, qu'en observant dans la plus stricte rigueur et la plus scrupuleuse exactitude, les regles qu'elle prescrit, que nous nous rendrons dignes de la liberté, et que nous la transmettrons à nos descendans, vierge, pure et intacte.

Rappellons-nous que les Athéniens perdirent leur liberté, et qu'ils devinrent esclaves des Perses, dont ils avoient si souvent défait les armées innombrables, quand chez-eux la morale publique fut corrompue, lorsque l'injustice fut mise en pratique, la tempérance bannie et proscrite, et quand on n'estima plus que le vice et la débauche.

Le peuple romain tomba sous le joug, et devint la plus méprisable des nations, quand la dépravation eut pris la place de cette rigidité de mœurs qui chez eux produisit, pendant tant de siecles, ces hommes probes, courageux et robustes, dont la valeur étonna l'univers.

Rome eut des maîtres et des tyrans, quand la foi conjugale, la piété filiale devinrent un objet de raillerie, et qu'on eut honte de paroître bon pere, époux fidele, enfans respectueux.

La république romaine disparut, quand cette dépravation universelle eut gagné tous les individus, énervé leur courage, étouffé tous sentimens d'honneur et de probité; quand le peuple eut toléré les injustices, souffert qu'un de ses citoyens s'emparât de l'autorité suprême; quand il fit dépendre le salut de tous, d'un seul particulier; lorsqu'il eut abandonné au caprice du premier ambitieux le choix de ses magistrats; quand il encensa et les vertus et les vices du même homme, et lorsqu'il fut le spectateur paisible des Marius et des Silla.

Français, que les exemples frappans que je viens de retracer à votre mémoire, y soient empreints à jamais, et soient toujours gravés dans vos cœurs : vous avez conquis votre liberté, craignez de la perdre ; vous ne la recouvreriez plus : n'idolâtrez qu'elle ; ne vous attachez à aucun individu : les hommes changent malheureusement ; mais les principes de l'éternelle vérité, de la raison et de la philosophie, sont seuls immuables. Vous avez alternativement prodigué votre encens à une multitude d'hommes auxquels, dans votre délire, vous donnâtes le nom de héros et de seuls vertueux : tour à tour vous les avez renversés ; la liberté seule vous reste, et seule elle doit recevoir nos hommages, parce qu'étant une émanation de la divinité, comme elle aussi elle est immuable et éternelle.

Soyons donc désormais assez sages, assez vertueux, assez grands, pour n'avoir rien à redouter des ambitieux, des tyrans et des traîtres ; pour conserver et transmettre à nos neveux ce bien précieux, acquis par six années de maux et de sacrifices, et mériter le titre auguste de fondateurs et de peres de la liberté universelle.

Mais, citoyens, pour nous rendre enfin dignes des hautes destinées auxquelles nous sommes appellés, hâtons-nous de sortir de la stupeur où nous sommes réduits ; l'heure sonne, il est temps, réveillons-nous ; si nous tardons, si nous hésitons, oui c'est fait de notre liberté ; pour toujours nous rentrerons dans l'esclavage le plus humiliant, et le despotisme le plus dur pesera sur nos têtes ; témoignons donc hautement notre haine pour les tyrans, et notre mépris pour leurs vils satellites.

Ah ! depuis trop long-temps nous gémissons sous un joug honteux, et nos corps s'affessent sous le poids de nos fers ; nous voulons enfin les rompre, et nous les brisons. Périsse à jamais le régime horrible et destructeur qui nous accable ! Loin de nous ses sectaires et les panégyristes de ce regne de sang ; nous voulons la liberté, mais nous la voulons toute entiere : ce sont nos propriétés dont nous demandons la garantie, nos personnes dont nous exigeons la sûreté, nos vies que nous voulons conserver ; la patrie seule a des droits sacrés sur nos biens et notre existence ; nous les reconnoissons, et à son premier cri nous lui ferons le sacrifice de nos intérêts, de nos affections les plus cheres. Mais nous sommes las (1) de dépendre des caprices et de l'humeur de ces hommes durs et hautains, dont l'audace et l'insolence sont

---

(1) Je répete encore à mes concitoyens, que je ne personnalise point, que je ne particularise aucun des corps constitués : c'est une déclaration solemnelle que je sollicite de la France entiere. C'est donc bien à tort qu'on dit que j'ai voulu parler de *tels* et *tels*, et que plusieurs personnes s'en sont formalisées. Malheureux est celui qui s'en irrite ; il donne lieu à des soupçons qui peuvent le déshonorer, et il se couvre d'un opprobre éternel !

le seul mérite ; nous rejetons l'autorité de ces êtres immoraux, qui font trophée de leur impudicité, et qui, pour complaire aux compagnes de leurs orgies, remplissent les cachots d'innocens, et les peuplent d'infortunées qui ont refusé de se rendre à leurs criminelles instances. Nous ne voulons plus pour magistrats de ces hommes qui établissent dans les tripots leur principale demeure, qu'on ne peut rencontrer que dans les cabarets et les tavernes, et qui, gorgés de viande et de vin, osent dans cet état d'indécence et de turpitude, venir insulter à la misere publique, se donner en spectacle à la multitude, et prononcer sur le sort et l'existence de leurs concitoyens.

Nous abhorrons ces dépositaires d'un pouvoir redoutable qui s'en servent pour satisfaire leur ambition, venger des injures personnelles, répandre impunément le sang des hommes ; qui se félicitent du nombre des têtes qu'ils ont à faire tomber, des victimes qu'il leur est loisible d'immoler, et qui dans l'ivresse de leur joie, s'écrient avec une satisfaction barbare : *Quel plaisir de faire couper des têtes ; dans toutes les familles, il faut qu'il en tombe une !*

Nous reculons d'horreur à la vue de ces tigres altérés de sang, qui méditent avec réflexion la perte et le désespoir d'un millier de familles ; qui mettent leurs plus douces jouissances à entendre les cris et les gémissemens des veuves et des orphelins qu'ils créent à chaque instant du jour ; qui envoient à la boucherie les infortunés, dont le crime n'est autre, pour se dérober à leur fureur, que de chercher pour asyle le lieu le plus secret de leurs maisons, ou le sein de leurs amis.

Anathême à ces êtres atroces qui enlevent aux malheureux les ressources qui leur restoient pour tenter d'échapper au glaive de leurs bourreaux. Malédiction à ces destructeurs de la race humaine, qui font un crime à des enfans de s'intéresser pour les auteurs de leurs jours, et qui disent tenir des mains du fils le poignard dont ils égorgent le pere !

Anathême et malédiction à ceux qui prêchent et conseillent le parricide, et qui osent ériger en vertu le plus horrible et le plus exécrable des forfaits !

Tel est, citoyens, le langage que doit tenir et répéter la France entiere. Que de toutes parts le cri de la vérité, du patriotisme et de l'humanité se fassent enfin entendre ! Que l'on demande à ces hommes, à ces buveurs de sang, qui ne cherchent à prolonger leur regne que pour perpétuer leurs crimes :

Quel est le bien que vous avez opéré dans vos fonctions ? quels sont les exemples de vertus que vous avez donnés à vos concitoyens ? quelle est l'action généreuse à laquelle vous avez applaudi ? quel encouragement avez-vous donné à la jeunesse ? quels sont les monumens qui consacrerent votre existence ? Les arts ont-ils trouvé en vous des protecteurs (1)? . . . .

Tournons donc nos regards vers la Représentation nationale ; instruisons-la des menées des héritiers et successeurs de Robespierre ; déjà peut-être l'opinion, la clameur publique l'ont éclairée sur leur conduite ; s'il lui restoit encore quelques doutes, dissipons le nuage ; lacérons le voile qui peut encore lui dérober une partie de la vérité ; mais gardons-nous, citoyens, de lui demander la perte, la punition de nos adversaires. Non : que de pareils vœux soient éloignés de notre cœur ; *ni mesures de rigueur, ni formes acerbes ;* qu'on leur enleve seulement le pouvoir

---

(1) Oh! oui, certes, vous avez perfectionné le jeu de la guillotine, et son ressort est beaucoup plus actif! Jamais, non, jamais on n'oubliera les démarches que vous avez faites avec tant de fruit, pour grossir la bibliotheque de Robespierre et de Couthon ; et la postérité reconnoissante vous vote d'avance le tribut d'éloge que doivent vous mériter vos immenses travaux.

de nuire. Peut-être, hélas ! ceux qui se sont opposés au système de justice et d'humanité qui dirige le sénat français, ne sont-ils qu'égarés ! Ils n'ont été sans doute que les instrumens aveugles du gouvernement odieux qui trop de temps a désolé la république ; nous aimons, nous nous plaisons à le croire : ramenons-les donc au centre commun par un oubli général du passé ; ouvrons-leur de nouveau, comme simples citoyens, la route qui conduit à la vertu et au bonheur.

O liberté ! ô toi, sans laquelle il n'est point de bonheur, toi dont l'absence dégrade l'homme, et l'avilit à ses propres yeux, reçois ici nos vœux et nos hommages ; embrâse-nous de ton feu sacré ; répands tes bienfaits sur la France, fais-y fleurir les vertus et les arts ; détruis les projets impies de nos ennemis : les lâches ! ils osent dire que l'homme libre est fait pour obéir et ramper sous son semblable. C'est ton nom qu'ils empruntent pour nous asservir ;

c'est sous ton égide qu'ils commettent les assassinats, les brigandages les plus horribles et les crimes les plus révoltans.

Confonds et les tyrans et les traîtres; ajoute encore, s'il se peut, à l'horreur qu'ils nous inspirent; fais régner la justice, l'humanité et ces vertus bienfaisantes, dont la possession peut seule procurer à l'homme sensible les plus douces jouissances; donne-nous ce courage, cette énergie salutaire, propres à démasquer les monstres qui voudroient nous réduire de nouveau sous le joug, qui n'ont peut-être l'apparence de la soumission que pour mieux réussir, qui méditent encore de nouvelles horreurs, et qui osent se flatter de faire tomber sous leurs coups ceux qui ont détruit la puissance tyrannique qu'ils avoient usurpée; mais fais-nous distinguer l'innocent du coupable, l'erreur du crime, *et que le sang humain soit sur-tout épargné, respecté.*

O liberté! si parmi tes adorateurs,

il s'en trouvoit qui crussent que ton regne ne peut s'établir que sur la destruction totale de ceux qui d'abord t'ont méconnue, mais dont les fautes n'ont pris leur source que dans l'ignorance et la simplicité de leurs cœurs, exauce ma priere ; apprends à ces amans trop zélés, que si *la terreur et l'effroi* sont les compagnes de la tyrannie, les tiennes sont la douceur et la clémence ; mais aussi dis à ceux qui persisteroient dans leur révolte, qui continueroient à vouloir te préférer le pouvoir arbitraire, à le ressusciter au milieu de nous, et qui refuseroient de se rallier sous tes drapeaux, *que la justice et la sévérité marchent sur tes pas, et que leur châtiment intéresse tout à la fois, et ta gloire et notre bonheur.*

VIVE LA RÉPUBLIQUE !
VIVE LA CONVENTION NATIONALE !
Signé C. LEGOUX.

De l'imprimerie de P. CAUSSE. 3ᵉ.

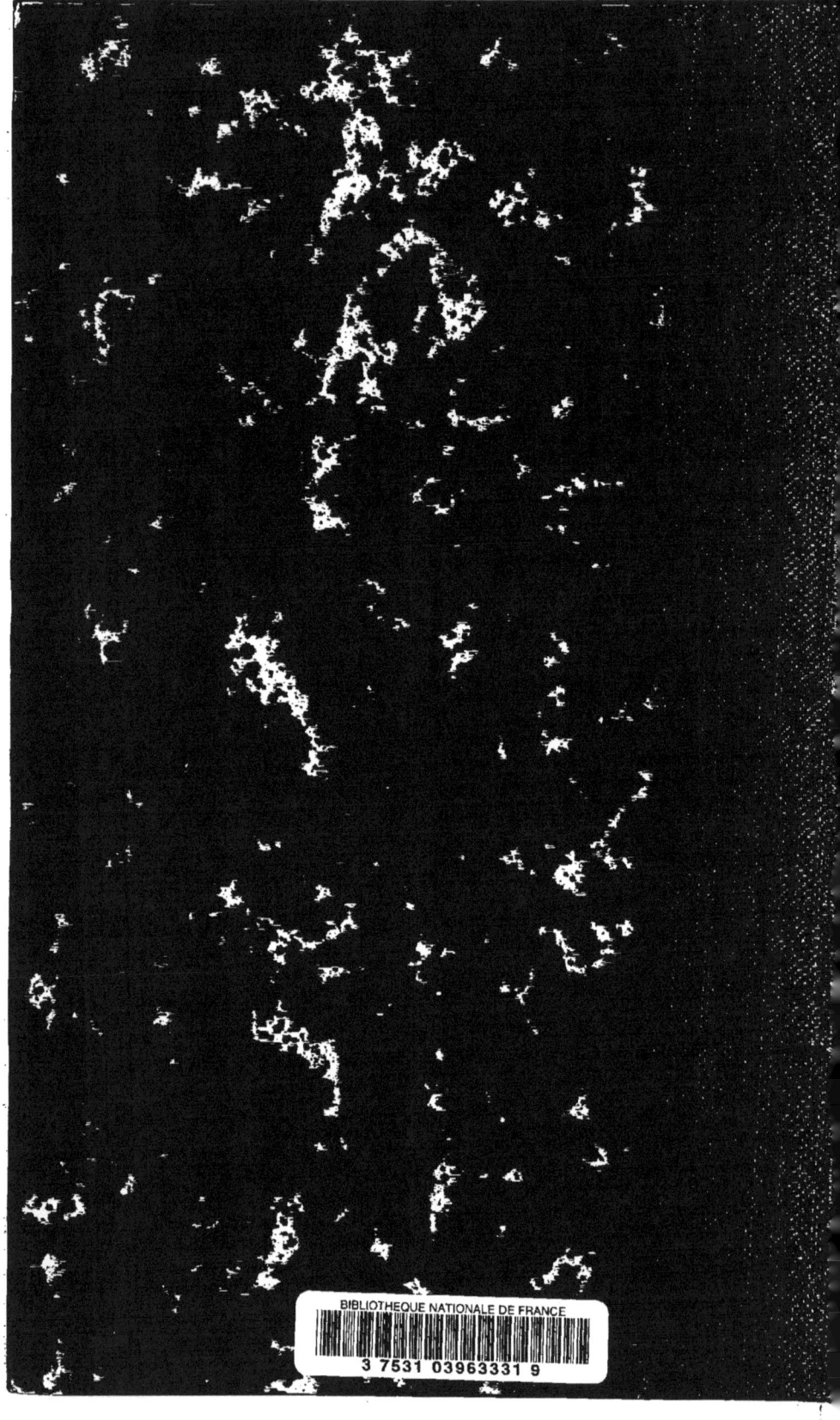